Visionen von der Zukunft

Die Offenbarung des Johannes

Neu in Sprache gefasst und bebildert von

Jörg Zink

KREUZ

Inhalt

Das Buch 6
Die Bilder 6
Ein Wort aus der Verbannung 7
Sieben Briefe an sieben Gemeinden 8
Vorspiel im Himmel 14
Sieben Siegel werden geöffnet 16
Sieben Posaunen dröhnen 22
Michael und der Drache 30
Die Bestie aus dem Meer: Der Antichrist 32
Sieben Schalen, gefüllt mit Unheil 36
Die Bilder von der Vollendung 44
Das Reich des Friedens 45

Der sehr alte Bau des Johannesklosters auf Patmos.

Das Buch

Die »Offenbarung des Johannes« ist in der Zeit niedergeschrieben, in der sich der Kampf zwischen Kirche und römischem Staat abzeichnet. Die ersten Verfolgungen erschüttern die Gemeinden. Die Frage erhebt sich, ob der Widerstand Sinn habe, ob die Macht des Christus gegenüber der Macht eines Staats etwas ausrichte. Wohin läuft die Weltgeschichte eigentlich? Wer hat das letzte Wort? Der Kaiser oder der Herr der Welt? Steht am Ende der Untergang der Welt im Chaos des Machtgebrauchs von Menschen oder die Vollendung und Erneuerung der Welt durch den rettenden Gott?

Ein alter Mann, ein Seher namens Johannes, deutet die Zukunft der Kirche und der Welt. In Bildern, die ihm Gott zeigt, legt er dar, was die Gemeinde zu erwarten hat und worauf sie bauen darf. In farbigen, starken, oft beklemmenden Bildern schildert er, was sich in Worten nicht recht zeigen lässt: die Überwindung der Welt und die Errichtung einer neuen, die durch das Opfer der Gemeinde und den Tod der Märtyrer vorbereitet und durch den siegreichen Christus vollzogen wird. Es sind Bilder, wie sie sich in der Seele von Angst und Schrecken bedrängter Menschen einstellen, und die von einer rettenden Zukunft reden. Die Offenbarung des Johannes ist das, was wir ein Kryptogramm nennen, eine Geheimschrift in Bildern. Manche davon sind uns fremd, andere sprechen unmittelbar zu uns. Es kommt beim Lesen der Offenbarung darauf an, nicht flüchtig über die Worte hinzulesen, sondern sich in die Bilder zu vertiefen, sie zu »schauen« und sie danach wieder aus ihrem Zusammenhang zu verstehen. Wem sie nichts sagen, der lasse sie ruhen und suche sie ein andermal neu auf. Nirgends ist so deutlich wie hier, dass das Wort von Gott die Stunde hat, in der es sein Geheimnis verschließt, und die Stunde, in der es sich plötzlich öffnet.

Die Bilder

Im 5. und 6. Jahrhundert entstanden im christlichen Nordafrika Bilder zur Offenbarung des Johannes. Als 711 – 714 die Araber Nordafrika und das südliche Spanien erobert hatten, schrieb der Mönch Beatus einen Kommentar zu diesem letzten Buch der Bibel und malte nach nordafrikanischem Vorbild eine Fülle von Bildtafeln dazu. Im 11. Jahrhundert schrieb der Mönch Fakundus im Auftrag des Königs Ferdinand diesen Kommentar ab und malte die Bilder erneut nach den alten Vorbildern. Wir sprechen also vom »Apokalypsekommentar des Beatus« und von der »Fakundus-Handschrift«.

Die Situation der Christen damals unter arabischer Herrschaft war, wenn sie sich fügten, erträglich; wenn sie ihren Christenglauben festhalten wollten, eine schreckliche Leidenszeit, und es ist kein Zufall, dass diese Malereien die Seelenbilder aufnehmen, die der Urgemeinde des 1. Jahrhunderts widerfahren waren. Die Bibel wurde ihnen wieder, wie damals, zu einem Buch des Widerstandes gegen einen übermächtigen Staat und des Bekenntnisses zu Jesus Christus.

Wer in die Symbolsprache dieser Handschrift eindringen will, dem sei die im Band 24 der »Diabücherei Christliche Kunst«, hrsg. von Jörg Zink, enthaltene Bildserie empfohlen, die sowohl kunstgeschichtlich wie theologisch in die Fakundus-Handschrift einführt.

Rechts: Von hier aus, der Insel Patmos, erging das Wort des Johannes an die Kirchen in Kleinasien.

Ein Wort aus der Verbannung

Dies ist die Enthüllung
der Geheimnisse Gottes.
Jesus Christus hat sie geschaut
und zeigt sie nun seinen Dienern.
In Bildern zeigt er, was geschehen wird
in kurzer Zeit.
Durch seinen Engel tat er sie kund
seinem Diener Johannes.
Der bezeugt nun, was Gott gesagt
und Christus bezeugt hat,
alles, was er sah.
Wohl dem, der die Worte der Weisung liest.
Wohl denen, die hören und bewahren,
was geschrieben ist.
Denn die Stunde ist nahe!
1,1-3

Johannes
grüßt die sieben Gemeinden
in der Provinz Asien.
Gnade sei mit euch und Frieden
von dem, der ist, der war und der kommt,
und von den sieben heiligen Engeln,
die vor seinem Thron stehen.
Gnade und Frieden von Jesus Christus,
dem Bringer der Wahrheit, dem verlässlichen,
dem Ersten, der lebendig wurde aus dem Tode,
dem Herrn über die Könige der Erde.
Ihm, der uns geliebt hat
und durch seinen Tod erlöste
von unserer Schuld,
der uns zu Bürgern seines Reichs erwählte
und zu Priestern Gottes, seines Vaters,
sei die Verehrung. Sein ist die Macht
von Ewigkeit zu Ewigkeit. Amen.

Gebt Acht! Er kommt
von der Höhe des Himmels her!
Alle Augen werden ihn sehen.
Sehen werden ihn,
die ihn gemordet haben,
entsetzt aufschreien werden
alle Völker der Erde.
Ja, so wird es geschehen.
So spricht Gott, der Herr:
»Ich bin das A und das O,
der Anfang und das Ende.
Ich bin der, der ist, der war
und der kommt, der Allmächtige.«
1,4-8

Ich, Johannes,
euer Bruder, der mit euch leidet,
der mit euch herrschen wird,
der in Jesus geduldig ausharrt,
war auf die Insel Patmos verbannt,
weil ich das Wort von Gott weitergab
und mich zu Jesus bekannte.
Da erfüllte mich heiliger Geist
am Tag der Auferstehung des Herrn,
und ich hörte hinter mir
eine gewaltige Stimme,
hintönend wie eine Posaune, die rief:
»Was du schaust, schreibe in ein Buch
und sende es an die sieben Gemeinden!
Sende es nach Ephesus, Smyrna und Pergamon,
nach Thyatira, Sardes,
Philadelphia und Laodizea!«
Ich wandte mich um,
den zu sehen, der zu mir sprach,
da sah ich sieben goldene Leuchter,
mitten zwischen den Leuchtern aber
ihn, den Sohn des Menschen,
gekleidet in ein langes Gewand,
um die Brust gegürtet mit goldenem Gürtel.
Sein Haupt und das Haar schimmerten weiß
wie reine Wolle, ja wie Schnee,
und seine Augen brannten wie Feuer.
Seine Füße glühten wie
goldschimmerndes Erz,
das im Ofen schmilzt,
und seine Stimme dröhnte
wie das Brausen der Brandung.
In seiner Rechten hielt er sieben Sterne,
sein Wort ging aus seinem Munde
wie ein zweischneidiges, scharfes Schwert,
und sein Angesicht leuchtete,
wie die Sonne aufglänzt in ihrer Macht.
Als ich ihn sah,
stürzte ich zur Erde vor ihm,
als wäre ich tot,
er aber berührte mich
mit seiner rechten Hand
und sprach:

»Fürchte dich nicht!
Ich bin der Erste und der Letzte
und der Lebendige.
Ich war tot, aber du siehst:
Ich bin lebendig von Ewigkeit zu Ewigkeit
und habe die Schlüssel
zum Tode und zum Totenreich.
Schreibe auf, was du siehst!
Schreibe, was jetzt geschieht
und was danach geschehen wird.
Das ist das Geheimnis der sieben Sterne,
die du in meiner Rechten siehst,
und das Geheimnis
der sieben goldenen Leuchter:
Die sieben Sterne
sind die Engel der sieben Gemeinden,
die Leuchter aber sind die Gemeinden selbst.
1,9-20

Sieben Briefe an sieben Gemeinden

Dem Engel, der vor Gott steht
für die Gemeinde von Ephesus, schreibe:
So spricht,
der in seiner Rechten
die sieben Sterne hält,
der sich bewegt inmitten
der sieben goldenen Leuchter:
Ich sehe, was du getan hast.
Ich kenne deine Mühsal und deine Geduld.
Ich weiß, dass du die Bösen nicht duldest.
Du hast sie geprüft, die von sich sagen,
sie seien Apostel, und es nicht sind,
du hast die Lügner entlarvt.
Du hast Kraft, geduldig auszuharren,
du hast Schweres ertragen um meinetwillen
und bist nicht müde geworden.
Aber ich habe das Eine gegen dich,
dass du von deiner ersten Liebe gewichen bist.
Bedenke, von welcher Höhe du fielst!
Geh in dich und werde wie einst,

Erscheinung im Himmel.
Zu Offenbarung 1,7.

Die Beauftragung des Johannes.
Zu Offenbarung 1,9-20.

sonst komme ich über dich
und stoße deinen Leuchter von dem Platz,
an dem er steht. Darum kehre um!
Aber das spricht für dich,
dass du die Nikolaiten hassest,
(vermutlich eine gnostische Sekte)
die auch ich hasse wie du.
Wer Ohren hat, höre,
was der Geist den Gemeinden sagt.
Wer überwindet,
dem werde ich zu essen geben
vom Baum des Lebens,
der im Garten Gottes steht.
2,1-7

Dem Engel der Gemeinde in
Smyrna schreibe:
So spricht
der Erste und der Letzte,
der tot war und lebt:
Ich kenne deine Bedrängnis und deine Armut.
Du bist aber reich.
Ich kenne die Lästerung derer, die sagen,
sie seien Juden und sind es nicht.
Sie sind die Synagoge des Satans.
Fürchte kein Leid, das dich treffen wird.
Wisse: der Satan wird manche von euch
ins Gefängnis werfen,
und ihr werdet zeigen müssen,
was euer Glaube wert ist.
Zehn Tage lang werdet ihr Qual leiden.
Sei treu bis in den Tod,
so will ich dir die Krone des Lebens geben!
Wer Ohren hat, höre,
was der Geist den Gemeinden sagt.
Wer überwindet,
dem soll kein Unheil geschehen
durch den zweiten Tod.
2,8-11

Dem Engel der Gemeinde zu
Pergamon schreibe:
So spricht,
der das Schwert führt,
das zweischneidige, das geschliffene!
Ich weiß, wo du wohnst:
am Thron des Satans.
Aber du hältst an mir fest
und hast den Glauben
an mich nicht verleugnet,
auch in den Tagen nicht,
als Antipas, mein Zeuge, mein getreuer,
in eurer Mitte getötet wurde
am Wohnort des Satans.
Aber ein Weniges habe ich gegen dich:
Es gibt Christen bei dir,
die festhalten an der Lehre Bileams,
der Barak lehrte, Israel zu verführen,
so dass sie Fleisch aßen,
das den Göttern geweiht war,
und Unzucht trieben.
So gibt es auch Leute bei dir,
die festhalten an der Lehre der Nikolaiten.
Besinne dich! Schaffe Klarheit!
Sonst komme ich schnell über dich
und zerhaue sie
mit dem Schwert meines Mundes!
Wer Ohren hat, höre,
was der Geist den Gemeinden sagt.
Wer überwindet,
dem will ich geben
von dem verborgenen Brot.
Einen weißen Stein will ich ihm reichen,
auf dem Stein wird ein neuer Name stehen,
den der nur kennt, der ihn empfängt.
2,12-17

Dem Engel der Gemeinde zu
Thyatira schreibe:
So spricht der Sohn Gottes,
der Augen hat wie flammendes Feuer
und Füße wie glühendes Golderz:
Ich weiß, was du getan hast.
Ich kenne deine Liebe und deinen Glauben,
deinen Dienst und deine Geduld.
Ich sehe, dass du heute mehr tust
als du früher tatest.
Aber eins habe ich gegen dich:
dass du Isebel gewähren lässt,
die sich als Prophetin ausgibt,
die meine Diener verführt,
Hurerei zu treiben
und Götzenopferfleisch zu essen.
Ich habe ihr Zeit gegeben umzudenken,
aber sie gibt nicht zu,
dass es böse ist, was sie tut:
Ehebruch, Untreue gegen den einen Gott!
Gib Acht! Ich werfe sie ins Krankenbett,
und die mit ihr die Ehe brechen,
in schwere Qual!
Es sei denn, sie kehrten um
und ließen ab von ihren Werken.
Ihre Kinder werde ich töten
mit tödlicher Krankheit,

und alle Gemeinden sollen sehen,
dass ich
die Tiefen des Menschenherzens aufdecke
und jedem nach seinen Werken vergelte.
Euch aber, den Übrigen in Thyatira,
die mit ihrer Lehre
nichts zu schaffen haben,
die nicht abgestiegen sind
in die ›Tiefen des Satans‹, sage ich:
Keine weitere Last will ich euch auflegen.
Haltet das Eure fest, bis ich komme!
Wer überwindet,
wer meiner Lehre und meinem Vorbild folgt,
dem werde ich Macht geben über die Völker.
Mit eisernem Zepter wird er sie regieren,
wie Tongefäße wird er sie zerschlagen.
Macht werde ich ihm geben,
wie ich Macht empfing von meinem Vater.
Den Morgenstern,
den Glanz des aufgehenden Tages,
will ich ihm geben.
Wer Ohren hat, höre,
was der Geist den Gemeinden sagt.
2,18-29

Dem Engel der Gemeinde zu
Sardes schreibe:
So spricht,
der die sieben Geister Gottes hat
und die sieben Sterne hält.
Ich weiß, wie du lebst!
Du stehst im Ruf, zu leben,
aber du bist tot.
Wach auf! Stärke die Übrigen,
die am Sterben sind!
Denn ich habe gefunden, dass, was du tust,
vor Gott nicht bestehen kann.
Erinnere dich, wie du die Gnade empfangen
und das Wort von Gott gehört hast!
Bewahre es, denke um!
Wenn du nicht wacher wirst,
werde ich kommen wie ein Dieb,
und du wirst die Stunde nicht wissen,
zu der ich komme.
Aber es sind einige bei dir in Sardes,
die ihre Kleider nicht beschmutzt haben,
die werden bei mir sein
und in weißen Kleidern gehen,
denn sie sind es wert.
Wer überwindet,
wird mit weißen Kleidern angetan.
Ich lösche seinen Namen nicht
aus dem Buch des Lebens
und bekenne mich zu ihm
vor meinem Vater und seinen Engeln.
Wer Ohren hat, höre,
was der Geist den Gemeinden sagt.
3,1-6

Dem Engel der Gemeinde zu
Philadelphia schreibe:
So spricht
der Heilige, der die Wahrheit ist,
der den Schlüssel Davids hat.
Wo er öffnet, schließt niemand zu.
Wo er zuschließt, tut niemand auf.
Ich weiß, was du tust.
Schau her! Vor dir ist eine offene Tür,
die niemand schließen wird,
denn du hast eine geringe Kraft
und hast mein Wort bewahrt
und mich nicht verleugnet.
Dich bedrängen Menschen
aus der Synagoge des Satans.
Sie sagen, sie seien Juden, und sind es nicht.
Sie lügen. Ich werde sie hertreiben.
Sie werden sich dir zu Füßen werfen
und erkennen, dass ich dich liebe.
Ich habe dich aufgerufen, geduldig zu sein,
und du hast meinen Ruf bewahrt.
Darum will ich auch dich bewahren,
wenn die Stunde der Gefahr kommt.
Denn sie wird hereinbrechen
über den ganzen Erdkreis
und die prüfen, die ihn bewohnen.
Ich komme bald! Halte, was du hast,
damit niemand dir deine Krone nimmt!
Wer überwindet,
den will ich machen zum Pfeiler
im Hause meines Gottes,
und er wird seinen festen Platz haben.
Den Namen meines Gottes
will ich auf ihn schreiben
und den Namen seiner Stadt,
des neuen Jerusalem, das von meinem Gott
aus dem Himmel herabkommt.
Ja, meinen eigenen, neuen Namen.
Wer Ohren hat, höre,
was der Geist den Gemeinden sagt.
3,7-13

Die Vision vom Thronsaal.
Zu Offenbarung 4,1-6.

Dem Engel der Gemeinde zu
Laodizea schreibe:
So spricht
der Eine, der bleibt, der er ist.
So spricht der treue und wahrhaftige Zeuge,
der Anfang der Schöpfung Gottes:
Ich sehe, was du tust.
Du bist weder kalt noch heiß.
Ach, wärest du doch kalt oder heiß!
Weil du aber lau bist
und weder heiß noch kalt,
will ich dich ausspeien aus meinem Munde.
Du sagst: ›Ich bin reich!
Ich lebe im Wohlstand
und kenne keinen Mangel!‹,
und weißt nicht,
dass du armselig bist und erbärmlich,
arm, blind und bloß.
Ich rate dir:
Kaufe Gold bei mir,
das im Feuer gereinigt ist,
damit du reich wirst!
Kaufe dir weiße Kleider, dich zu bekleiden,
damit du nicht in Schande dastehst,
nackt und bloß.
Kaufe dir Augensalbe bei mir
und bestreiche deine Augen,
damit du klar siehst!
Wen ich liebe, den erziehe ich mit Strenge.
Wende also alle Kraft an deine Umkehr!
Sieh! Ich stehe vor der Tür und klopfe an.
Wer meine Stimme hört und die Tür öffnet,
zu dem werde ich eintreten
und mit ihm das Mahl feiern und er mit mir.
Wer überwindet,
dem gebe ich das Vorrecht,
mit mir zu sitzen auf meinem Thron,
wie auch ich überwunden habe
und mit meinem Vater herrsche.
Wer Ohren hat, höre,
was der Geist den Gemeinden sagt.«

3,14-22

Vorspiel im Himmel

Der Thronende und die Versammlung der Diener

Danach blickte ich auf und sah ein Bild: Eine Tür stand offen, und ich sah in den Himmel. Jene Stimme, die zuerst zu mir gesprochen hatte wie eine Posaune, rief: »Komm herauf! Ich will dir zeigen, was künftig geschehen soll!« Und ich sah und hörte, was mit menschlichen Augen und Ohren nicht zu sehen und zu vernehmen ist, sondern nur durch Gottes Geist: Ein Thron stand im Himmel, und auf dem Thron saß Er! Der da saß, glühte wie ein Jaspis und ein Karneol. Ein Regenbogen umstrahlte, schimmernd wie ein Smaragd, den Thron. Rings um den Thron standen vierundzwanzig Throne. Auf ihnen saßen vierundzwanzig Älteste; weiße Gewänder trugen sie und goldene Kronen auf ihren Häuptern. Von dem Thron her sprühte es wie Blitzezucken, und rollende Donner hallten über mich hin. Sieben Feuerschalen brannten vor dem Thron: die sieben dienenden Geister, die vor Gott stehen. Vor dem Thron glänzte es wie Kristall, wie ein Meer aus Glas, und in halber Höhe des Thrones ruhten vier gewaltige Wesen, die rundum mit Augen bedeckt waren. Das erste war wie ein Löwe, das zweite wie ein Stier, das dritte trug ein Gesicht wie ein Mensch, das vierte glich einem Adler im Flug. Jedes der vier mächtigen Wesen hatte sechs Flügel, die waren innen und außen mit Augen bedeckt. Sie ruhten nicht bei Tag und bei Nacht und sangen: »Heilig, heilig, heilig ist Gott, der Herrscher der Welt, der von Anfang war, der ist und der kommt.« Sooft aber die vier Wesen dem Thronenden Preis, Ehre und Dank zurufen, ihm, der lebt und herrscht in Ewigkeit, werfen die vierundzwanzig Ältesten sich auf die Knie und verehren den, der auf dem Thron sitzt, der lebendig ist in alle Ewigkeit, und legen ihre Kronen vor dem Thron nieder mit dem Ruf: »Würdig bist du, o Herr, unser Gott, Preis, Ehre und Macht zu empfangen, denn allein du hast das All erschaffen, durch deinen Willen empfing es sein Wesen, durch dich besteht es allein!«

4,1-11

Die vier Gestalten und das Lamm.
Zu Offenbarung 4,6-5,14.

Der Herrscher, der sich opferte: das Lamm

Und ich sah: Der Thronende hielt in seiner Rechten eine Buchrolle, die innen und außen beschrieben und mit sieben Siegeln verschlossen war. Und ich sah einen gewaltigen Engel; der rief mit mächtiger Stimme: »Wer ist würdig, das Buch zu öffnen und seine Siegel zu brechen?« Aber niemand konnte antworten: »Ich!« – weder im Himmel noch auf der Erde noch unter der Erde. Niemand konnte das Buch entrollen und lesen. Da weinte ich sehr, weil niemand da war, der würdig wäre, das Buch zu öffnen und zu lesen. Einer von den Ältesten aber sprach zu mir: »Weine nicht! Sieh, der Löwe aus Juda hat den Sieg errungen, der Nachkomme Davids! Er wird das Buch öffnen und seine Siegel brechen.« Und ich sah: In der Mitte vor dem Thron, vor den vier mächtigen Wesen, inmitten der Ältesten, stand ein Lamm, wie ein Opfer, das geschlachtet worden ist. Es hatte sieben Hörner und sieben Augen, die sieben Geister Gottes, die alle Lande der Erde überschauen. Und das Lamm trat heran und nahm die Rolle aus der Rechten des Thronenden.

5,1-7

Und das Lamm nahm das Buch. Da warfen sich die vier mächtigen Wesen und die vierundzwanzig Ältesten vor ihm nieder, und die Ältesten hielten Harfen in der Hand und goldene Schalen, die voll waren von Weihrauch, von den Gebeten der Christen. Und sie sangen ein neues Lied: »Würdig bist du, das Buch zu empfangen und seine Siegel zu öffnen, denn du hast dich geopfert und hast den Menschen die Freiheit erkauft und hast sie durch den Tod zu Gott geführt aus allen Stämmen, Sprachen, Völkern und Reichen. In dein Königtum hast du sie aufgenommen und hast sie zu Priestern gemacht, und sie werden über die ganze Erde herrschen.« Danach hörte ich das Singen vieler Engel, die standen rings um den Thron, um die vier Wesen und die Ältesten her, und ihre Menge war unübersehbar, tausendmal Tausende sangen, zu einer großen Stimme vereint: »Würdig ist Christus, der gelitten hat! Würdig ist er, Macht zu empfangen, Fülle, Weisheit und Kraft, Ehre, Lichtglanz und Lobpreis!«

Zuletzt stimmte alles mit ein, was im Himmel und auf der Erde und unter der Erde lebt, auf dem Meer und in den Wassern, mit brausendem Gesang: »Dem Thronenden und dem Lamm seien Lobpreis und Ehre, Lichtglanz und Macht von Ewigkeit zu Ewigkeit!« Die vier gewaltigen Wesen antworteten: »Amen!«, und die Ältesten warfen sich nieder und beteten an.

5,8-14

Sieben Siegel werden geöffnet

Und ich erlebte, was da geschah:
Als Christus, das Lamm,
eines der sieben Siegel aufbrach,
hörte ich eines der vier gewaltigen Wesen
mit der Kraft des Donners rufen:
»Komm!«
Da kam ein weißes Pferd,
und sein Reiter hielt einen Bogen.
Er trug den Kranz des Siegers
und ritt aus von Sieg zu Sieg.

Als das Lamm das zweite Siegel öffnete,
hörte ich die Stimme des zweiten
jener Wesen rufen: »Komm!«
Ein zweites Pferd, rot wie Feuer,
sprengte heraus.
Sein Reiter hatte die Macht,
den Frieden von der Erde zu nehmen.
Er machte,
dass die Menschen einander erwürgten,
und er trug ein gewaltiges Schwert.

Als es das dritte Siegel brach,
hörte ich das dritte Wesen am Thron rufen:
»Komm!«
Da sah ich ein schwarzes Pferd
herausspringen,
und sein Reiter hatte eine Waage in der Hand.
Danach hörte ich aus dem Kreis
der vier mächtigen Wesen eine Stimme:
»Eine Handvoll Weizen für einen Taglohn
und drei Hände Gerste für einen Taglohn!
Aber dem Öl und Wein tu kein Leid.«

Und als Christus das vierte Siegel auftat,
hörte ich das vierte große Wesen rufen:
»Komm!«
Und ich sah: Da kam ein fahles Pferd,
auf ihm saß der Tod,
und das Totenreich stürmte ihm nach.
Und sie rissen den vierten Teil

Die vier apokalyptischen Reiter.
Zu Offenbarung 6,1-8.

Das fünfte Siegel: Der Schrei der Märtyrer.
Zu Offenbarung 6,9-11.

der Menschheit hinweg
und töteten sie
mit dem Schwert und dem Hunger,
mit tödlicher Krankheit
und durch reißende Tiere.
6,1-8

Als er das fünfte Siegel öffnete, sah ich unter dem Altar alle, die den Tod erlitten hatten um der Wahrheit willen, die sie von Gott empfangen hatten und für die sie eingetreten waren. Die riefen mit lauter Stimme und fragten: »Wie lange? Herr, du Heiliger und Wahrhaftiger, wie lange warten wir, bis du kommst? Wie lange, bis dein Plan sich erfüllt und die Menschen deine Macht sehen?« Jeder von ihnen empfing ein weißes Gewand, und es wurde ihnen gesagt, sie sollten noch eine kleine Weile warten, bis die Zahl ihrer Mitknechte und Brüder voll sei, die noch getötet werden mussten wie sie.

Und ich sah, dass Christus das sechste Siegel öffnete. Da brach ein gewaltiges Erdbeben los, die Sonne wurde finster wie ein schwarzer Sack und der runde Mond dunkelrot wie Blut. Die Sterne fielen vom Himmel auf die Erde wie die Früchte, die ein Feigenbaum abwirft, wenn der Sturm ihn schüttelt. Der Himmel rollte sich zusammen wie eine Buchrolle und verschwand, und die Berge und Inseln wurden von ihren Orten gerissen. Die Könige der Erde und die Fürsten, die Heerführer, die Reichen und die Mächtigen, die kleinen und die großen Leute verbargen sich in den Höhlen und den Klüften der Berge und riefen den Bergen und den Felsen zu: »Fallet über uns und verbergt uns vor den Augen dessen, der auf dem Thron sitzt, und vor dem Zorn des Christus, denn der große Tag ihres Zorns ist da, und wer kann bestehen?«
6,9-17

Ein Zwischenspiel:
Gottes Volk wird bezeichnet

Danach sah ich die vier Sturmengel an den vier Enden der Erde stehen. Die hielten die vier Winde fest, die über die Erde wehen, damit kein Lufthauch über das Land gehe oder über das Meer oder die Bäume. Und ich sah noch einen anderen Engel, der stieg vom Sonnenaufgang her empor. Er hielt das Siegel des lebendigen Gottes und rief mit gewaltiger Stimme den vier Engeln zu, die die Macht hatten, die Erde und das Meer zu verwüsten: »Verwüstet die Erde nicht noch das Meer, noch die Bäume! Erst müssen wir die Knechte Gottes mit einem Mal versehen, mit dem Siegel Gottes ihre Stirnen zeichnen!« Und ich hörte die Zahl derer, die das Mal empfingen: hundertvierundvierzigtausend. Aus allen Stämmen des Volkes Israel waren sie genommen. Aus jedem Stamm waren es zwölftausend: aus den Stämmen Juda, Ruben, Gad, Ascher, Naftali, Manasse, Simeon, Levi, Issachar, Sebulon, Josef und Benjamin.
7,1-8

Und ich blickte auf und sah: Eine unübersehbar große Zahl von Menschen, unzählbar, aus allen Völkern, Stämmen, Nationen und Sprachen, drängte sich um den Thron und vor dem Lamm. Sie waren mit den weißen Gewändern des Triumphs bekleidet, hielten die Palmzweige des Sieges in den Händen und sangen mit brausenden Stimmen: »Die Rettung kommt von Gott, der die Macht hat, und Christus, dem Lamm!« Und alle Engel standen im Kreis um den Thron, um die Ältesten und die vier gewaltigen Wesen her, und sie warfen sich vor dem Throne auf ihr Angesicht nieder und beteten Gott an: »Wahr ist, wahr bleibt: Preis und Lichtglanz, Weisheit und Dank, Ehre, Macht und Gewalt gebühren unserem Gott in alle Ewigkeiten. Ja, das ist wahr!«

Einer der Ältesten wandte sich mir zu und fragte: »Wer sind diese, die die weißen Kleider tragen, und woher kommen sie?« Ich gab zur Antwort: »Mein Herr, du weißt es!« Und er sprach zu mir: »Sie sind es, die aus der großen, schweren Bedrängnis kommen! Sie haben ihre Kleider gewaschen und festlich weiß gemacht, denn Christus, das Lamm, ist für sie gestorben. Darum stehen sie nun vor Gott und feiern das Fest ihres Dienstes Tag und Nacht in seinem Heiligtum, und Gott selbst, der Thronende, ruht über ihnen wie ein Lichtglanz. Sie werden nicht mehr hungern noch dürsten, keine Sonne wird sie versengen und keine Glut der Verfolgung, das Lamm, Christus selbst, der mit Gott herrscht, wird sie auf die Auen führen und sie zum frischen Wasser leiten, und Gott wird abwischen alle Tränen von ihren Augen.«
7,9-17

Die Öffnung des sechsten Siegels: Der Tag des Zorns.
Zu Offenbarung 6,12-17.

Die Versiegelung der 144 000.
Zu Offenbarung 7,1-4.

Sieben Posaunen dröhnen

Als Christus das siebte Siegel aufbrach, trat eine Stille im Himmel ein; wohl eine halbe Stunde währte sie. Und ich sah: Den sieben Erzengeln, die am nächsten vor Gott stehen und ihm dienen, wurden sieben Posaunen gereicht. Dann kam ein anderer Engel und trat an den Altar. Er trug ein goldenes Rauchfass, und viel Weihrauch stieg auf. Als Zeichen für die Gebete aller Christen brachte er ihn auf dem goldenen Räucheraltar, der vor dem Thron steht, Gott dar. Und der Weihrauch stieg aus der Hand des Engels zu Gott auf: die Gebete der Heiligen. Da plötzlich nahm der Engel das Rauchfass, füllte es mit Glut von dem Feuer auf dem Altar und schleuderte es auf die Erde: Da schlug der Donner in gewaltigen Schlägen, Blitze zuckten, und die Erde erbebte. Die sieben Erzengel aber ergriffen die sieben Posaunen und setzten sie an den Mund. Der Erste blies: Da prasselten Hagel und Feuer, rot wie Blut, auf die Erde hinab. Ein Drittel der Erde verbrannte, ein Drittel der Bäume und alles frische Gras. Der Zweite blies: Da wurde etwas wie ein großer, feuerglühender Berg ins Meer geworfen. Ein Drittel des Meeres wurde zu Blut, ein Drittel aller Tiere des Meeres kam um, und ein Drittel der Schiffe versank. Der Dritte blies: Da fiel ein riesiger Stern vom Himmel, der brannte wie eine Fackel. Er fiel auf ein Drittel der Ströme, der Bäche und Quellen. Der Stern heißt Absinth. Ein Drittel der Wasser wurde zu Wermut, und viele Menschen starben an dem bitteren Wasser. Der Vierte blies: Da wurden ein Drittel der Sonne, ein Drittel des Mondes, ein Drittel der Sterne finster. Ein Drittel des Tages wurde zur Nacht, ein Drittel der Nacht zur Finsternis. Und wieder sah ich und hörte: Ein Adler, der oben in der Mitte des Himmels flog, schrie: »Weh! Weh! Weh den Bewohnern der Erde! Noch folgen die Posaunen der andern drei Engel und das Dröhnen ihrer Stimmen.«

8,1-13

Der fünfte Erzengel blies, und ich sah: Ein Stern stürzte vom Himmel auf die Erde, und ein Schlüssel wurde ihm gegeben, der Schlüssel zu dem Brunnenloch, das ins unterste Reich der Hölle hinabführt. Da öffnete er den verschlossenen Brunnen zur Tiefe der Hölle, und Rauch quoll aus dem Loch wie der Rauch eines gewaltigen Ofens, die Sonne wurde finster und die Bläue des Himmels schwarz von dem Rauch aus der Tiefe. Aus dem Qualm quollen Wolken von Heuschrecken, die überfielen die Erde, unwiderstehlich wie Skorpione. Sie hatten Befehl, das Gras, das Grün und alle Bäume der Erde zu schonen, die Menschen aber zu überfallen, die das Malzeichen Gottes nicht an der Stirn trugen. Ihr Auftrag war nicht, sie zu töten, sondern sie fünf Monate lang zu quälen. Der Schmerz, den sie zufügen, ist entsetzlich wie der Schmerz, den der Skorpion dem zufügt, den er sticht. In jenen Tagen werden die Menschen den Tod suchen und ihn nicht finden. Sie werden zu sterben begehren, und der Tod wird sie fliehen. Die Heuschrecken aber waren wie zum Krieg gerüstete Rosse. Auf ihren Köpfen trugen sie goldglänzende Kronen, Gesichter hatten sie wie Gesichter von Menschen, Haare wie Frauenhaar, Zähne wie Zähne von Löwen. Sie waren gepanzert wie mit eisernen Panzern, das Rasseln ihrer Flügel klirrte wie der Lärm eines Heeres von rossebespannten Kriegswagen, die in die Schlacht rollen. Sie hatten Schwänze und Stacheln wie Skorpione. In den Schwänzen aber lag ihre Macht, die Menschen fünf Monate lang zu quälen. Ein König regierte sie, der Herrscher der Hölle. Abaddon heißt er hebräisch, Apollyon in griechischer Sprache. Das erste »Weh!« ist vorüber. Gib Acht! Zwei weitere »Wehe!« folgen ihm nach.

9,1-12

Der sechste Erzengel blies, und ich hörte eine Stimme von den vier Ecken des goldenen Räucheraltars her, der vor Gott steht. Die rief dem sechsten Engel zu, der eben posaunte: »Löse die vier Engel, die gefesselt sind am Euphrat, dem großen Strom!« Und die vier Engel wurden frei. Auf die Stunde und den Tag waren sie bereit, auf Monat und Jahr, und waren gerüstet, ein Drittel der Menschen zu töten. Die Zahl der Reiter in ihrem Heer war zweihunderttausendmal tausend, ich hörte die Zahl! Die Pferde und ihre Reiter – das sah ich! – trugen Panzer, die glänzten rot wie das Feuer und bläulich wie Hyazinthen und gelb wie der Schwefel. Die Köpfe der Pferde waren wie Köpfe von Löwen, aus ihren Mäulern schoss Feuer, Rauch quoll heraus und schwefliger Dampf. An diesen drei Waffen, dem Feuer, dem Rauch und dem Schwefel, die aus den Rachen quollen, ging ein

Das siebte Siegel: Die sieben Posaunen.
Zu Offenbarung 8,1-5.

Die zweite Posaune: Der stürzende Berg.
Zu Offenbarung 8, 8-9.

Drittel der Menschen zugrunde. Denn die Macht der Pferde liegt in den Mäulern und in den Schwänzen. Ja, Schwänze tragen sie, die Schlangen gleichen mit gefährlichen Köpfen, und mit ihnen greifen sie an.

Aber die übrigen Menschen, die von den Waffen jenes Heeres nicht getötet wurden, änderten sich nicht und ließen nicht ab von ihrem Tun: Immer und immer beteten sie Götter an, Bilder, die sie selbst geschaffen haben, aus Gold, aus Silber, aus Erz, aus Stein oder Holz, die doch weder sehen noch hören noch gehen können. Sie änderten sich nicht und ließen nicht von ihrem Morden und Zaubern, ihrem Huren und Stehlen.
9,13-21

Der Schwur des Engels: Die Stunde ist da

Einen anderen mächtigen Engel sah ich vom Himmel herabsteigen. Er war in Wolken gehüllt, der Regenbogen stand um sein Haupt, sein Gesicht blendete wie die Sonne, und seine Füße brannten wie feurige Säulen. In der Hand hielt er ein kleines, aufgeschlagenes Buch. Er setzte den rechten Fuß auf das Meer, den linken aufs Land und schrie mit gewaltiger Stimme, wie ein Löwe brüllt. Und als er so schrie, hallten die sieben Donner wider mit ihrem Grollen. Als aber der Hall der sieben Donner verstummt war, wollte ich niederschreiben, was sie gesprochen hatten, aber ich hörte eine Stimme vom Himmel: »Halte es geheim, was die sieben Donner grollten! Schreib es nicht auf!« Und der Engel, den ich auf dem Meer und dem Lande stehen sah, reckte die rechte Hand zum Himmel und schwur bei dem Gott, der von Ewigkeit zu Ewigkeit lebt, der den Himmel geschaffen hat mit all seinen Wesen, die Erde mit ihren Geschöpfen, das Meer und was in ihm lebt: »Nun ist das Warten zu Ende! Wenn der Ruf der Posaune des siebten Engels ertönt, wird der verborgene Plan Gottes erfüllt, und es geschieht, was er seinen Knechten, den Propheten, versprach!« Und wieder erscholl die Stimme vom Himmel, die ich gehört hatte: »Geh hin! Nimm das Buch! In der Hand des Engels, der auf dem Meer und dem Land steht, liegt es geöffnet.« Da ging ich zu dem Engel und bat ihn: »Gib mir das Buch!« Und er antwortete: »Nimm es! Iss es auf! Es wird bitter in deinem Leibe liegen, aber in deinem Munde wird es süß sein wie Honig.« So nahm ich das kleine Buch aus der Hand des Engels und verschlang es. Honigsüß war es in meinem Munde, als ich es aber verzehrt hatte, lag es bitter in meinem Leibe. Und ich hörte sagen: »Noch einmal wirst du Gottes Willen verkünden, gegen viele Völker und Staaten wirst du dein Wort richten, gegen Menschen aller Sprachen und ihre Könige! Das ist dein Amt.« 10,1-11

Mose und Elija treten auf

Danach empfing ich ein Rohr, das einem Messstab glich, und hörte: »Auf! Miss den Tempel Gottes und den Altar und zähle, die dort anbeten! Den äußeren Vorhof des Tempels lass liegen und miss ihn nicht, denn er ist den Fremden überlassen, und die Gottlosen werden die heilige Stadt zweiundvierzig Monate lang zertreten. Meinen beiden Zeugen, den Propheten, werde ich Vollmacht verleihen, zwölfhundertsechzig Tage lang öffentlich meinen Willen auszurufen, in Säcke gehüllt werden sie auftreten.« Sie sind die zwei Ölbäume und die zwei brennenden Lichter, die vor dem Herrn der Welt stehen. Will jemand ihnen Gewalt antun, so fährt Feuer aus ihrem Munde und vernichtet die Feinde. Jeder, der Hand an sie legt, geht so zugrunde. Sie haben die Macht, den Himmel zu verschließen, so dass kein Regen fällt, solange sie wirken, und sie haben Macht über die Flüsse, sie in Blut zu verwandeln und die Erde mit Unheil zu schlagen, wie und wie oft es ihnen gefällt. Wenn die Zeit ihres Redens vorüber sein wird, wird das Tier, das aus der Hölle aufsteigt, Krieg gegen sie führen und wird sie besiegen und töten, und ihre Leichen werden herumliegen auf den Gassen der großen Stadt, die in Gottes Augen ein Sodom und ein Ägypten ist, in der auch der Herr jener Propheten den Kreuzestod starb. Menschen aus allen Völkern, Stämmen, Sprachen und Reichen werden ihre Leiber dreieinhalb Tage liegen sehen und werden ihnen das Begräbnis verweigern. Die Bewohner der Erde werden sich über sie freuen, Feste feiern und einander Geschenke senden, denn lästig waren die beiden Propheten den Bewohnern der Erde gewesen. Nach den dreieinhalb Tagen aber, das sah ich, fuhr der lebendi-

Die fünfte Posaune: Der Brunnen des Abgrunds.
Zu Offenbarung 8, 8-9.

Die beiden Zeugen.
Zu Offenbarung 11, 1-10.

Die Auferstehung der beiden Zeugen.
Zu Offenbarung 11,11-13.

Der Drache und das Tier aus dem Meer.
Zu Offenbarung 13,1-4.

ge Geist Gottes in sie, und sie standen auf, und eine lähmende Furcht ergriff alle, die es sahen. Und die beiden hörten eine mächtige Stimme vom Himmel, die ihnen zurief: »Kommt herauf!« Und sie stiegen in einer Wolke zum Himmel auf, und ihre Feinde schauten ihnen nach. In jener Stunde brach ein schweres Erdbeben los. Der zehnte Teil der Stadt stürzte ein, und siebentausend Menschen kamen um, die Übrigen unterwarfen sich Gott und beteten ihn an, von Furcht getrieben. Das zweite »Weh!« ist vorüber. Gib Acht! Das dritte »Weh!« kommt bald!

11,1-14

Dreifacher himmlischer Lobgesang

Der siebte Erzengel blies die Posaune. Da brausten mächtige Stimmen im Himmel auf: »Die Herrschaft über die Welt hat unser Gott in den Händen, mit ihm herrscht Christus, und er wird regieren in alle Ewigkeit!«

Und die vierundzwanzig Ältesten, die vor Gottes Angesicht auf ihren Thronen saßen, warfen sich nieder und beteten Gott an mit dem Gesang: »Dich preisen wir, Herr und Gott, allmächtiger Herrscher! Du bist und du warst! Du hast deine große Macht ergriffen, und deine Herrschaft hat begonnen! Die Völker empörten sich gegen dich, aber du wirfst sie nieder. Die Zeit ist gekommen, die Toten zu richten; die Zeit, deinen Knechten den Lohn zu geben, den Propheten, den Heiligen und allen, die dich fürchten, den Kleinen und den Großen; die Zeit ist da, zu verderben, die die Erde verdarben.« Da tat der Tempel im Himmel sich auf, und man sah die Lade des Bundes.

Und die Kräfte der Natur stimmten in den Lobgesang ein: Blitze und heulender Sturm, Donner und Beben der Erde und das Prasseln des Hagels.

11,15-19

Die Frau und der Drache.
Zu Offenbarung 12,1-17.

Michael und der Drache

Danach erschien ein großes Zeichen am Himmel: eine Frau, die mit dem Glanz der Sonne bekleidet war. Unter ihren Füßen stand der Mond, und auf ihrem Haupt strahlte eine Krone aus zwölf Sternen. Sie war schwanger und schrie in ihren Wehen und litt schwer an

der Qual der Geburt. Da erschien am Himmel ein zweites Zeichen: ein großer Drache, rot wie Feuer, mit sieben Köpfen und zehn Hörnern und mit sieben Kronen auf seinen Köpfen. Sein Schwanz fegte ein Drittel aller Sterne vom Himmel und schleuderte sie auf die Erde. Und der Drache stellte sich vor die Frau, die ihr Kind gebären sollte, um es zu verschlingen, sobald es zur Welt käme. Und sie gebar einen Sohn, einen Knaben, dem die Macht über alle Völker bestimmt war, und das Kind wurde weggerissen und zu Gott und seinem Thron entrückt. Die Frau aber floh in die Wüste, denn dort hatte Gott ihr eine Zuflucht geschaffen. Zwölfhundertsechzig Tage lang sollte sie dort versorgt werden.

12,1-6

Da brach im Himmel ein Kampf los: Michael und seine Engel kämpften gegen den Drachen. Auch der Drache und seine Engel stritten, aber sie konnten nicht gewinnen, und es blieb ihnen im Himmel kein Raum. Hinabgestürzt wurde der große Drache, die alte Schlange, der Verleumder und Verkläger, der die ganze Welt verwirrt. Auf die Erde stürzte er hinab, und seine Engel stürzten mit ihm. Und ich hörte einen mächtigen Gesang im Himmel: »Nun sind Heil und Kraft und Herrschaft in der Hand unseres Gottes, und die Macht ist in der Hand seines Christus, denn der Verkläger unserer Brüder stürzte hinab, er, der sie Tag und Nacht vor Gott verklagte. Sie haben ihn überwunden, denn Christus starb für sie, sie bekannten sich zu ihm und liebten ihr Leben nicht bis zum Tod. Darum freut euch, ihr Himmel und alle, die dort wohnen! Wehe aber der Erde und dem Meer, denn zu euch fuhr der Teufel hinab! Sein Zorn ist groß, und er weiß, dass er wenig Zeit hat.«
12,7-12

Als der Drache sah, dass er zur Erde gestürzt war, griff er die Frau an, die den Knaben geboren hatte. Die Frau aber empfing die beiden Flügel des großen Adlers, mit denen sie in die Wüste entfliegen konnte, an den Ort ihrer Zuflucht, wo sie dreieinhalb Jahre fern von der Schlange versorgt werden sollte. Da spie die Schlange aus ihrem Maul einen Strom Wasser, um die Frau in der Flut wegzuschwemmen, aber die Erde kam der Frau zu Hilfe, riss eine Schlucht auf und verschlang die Flut, die der Drache aus seinem Maul gespien hatte. Da wurde der Drache rasend vor Zorn über die Frau und wandte sich, um gegen die übrigen ihrer Kinder Krieg zu führen: gegen alle, die Gottes Gebote einhalten und sich zu Jesus bekennen. Und der Drache trat an den Strand des Meeres.
12,13-18

Die Bestie aus dem Meer: Der Antichrist

Da sah ich ein Tier aus dem Meer aufsteigen: zehn Hörner hatte es und sieben Köpfe, auf den Hörnern saßen zehn Diademe, und auf den Köpfen standen Namen, die sich das Tier anmaßte und die doch nur Gott zustehen: Titel der Würde und der Herrschaft. Das Untier, das ich sah, glich einem Panther, seine Füße waren wie Pranken eines Bären, sein Maul wie der Rachen eines Löwen. Der Drache aber gab ihm seine Gewalt, seine Herrschaft und große Macht. Unter seinen Häuptern war eines, das zwar tödlich verwundet war, aber die tödliche Wunde heilte, und die ganze Menschheit staunte dem Tier nach, sie beteten alle den Drachen an, der dem Tier seine Macht verliehen hatte, und warfen sich vor der Bestie zu Boden mit dem Ruf: »Wer ist dem Tier gleich an Macht? Wer kann ihm widerstehen?« Es hatte ein Maul, das vermessene und gotteslästerliche Reden hielt, und seine Herrschaft währte zweiundvierzig Monate lang. So riss es sein Maul auf und lästerte Gott, zog Gottes heilige Würde in den Schmutz und verhöhnte das himmlische Heiligtum und alle, die dort wohnen. Und Gott erlaubte ihm, die Gemeinde der Christen zu verfolgen und zu unterwerfen, und es hatte Macht über alle Stämme und Völker, Sprachen und Nationen der Menschen. Die ganze Menschheit verehrte die Bestie, alle, deren Namen im Buch des Lebens nicht verzeichnet stehen, alle, die nicht schon vor dem Anfang der Welt Christus, dem Geopferten, zugehörten. Wer Ohren hat, höre! Wem bestimmt ist, ins Gefängnis zu gehen, der gehe ins Gefängnis. Wem beschieden ist, unter dem Schwert zu sterben, der sterbe unter dem Schwert. Hier bewähren sich Geduld und Glaube der Heiligen.
13,1-10

Danach sah ich aus der Erde ein anderes Tier aufsteigen. Das hatte zwei Hörner wie ein Lamm und redete wie ein Drache. Es verwaltet alle Macht des ersten Tieres in dessen Auftrag. Es zwingt alle Menschen, die die Erde bewohnen, das erste Tier anzubeten, dessen tödliche Wunde geheilt war. Es vollbringt bedeutende Wundertaten: Feuer lässt es vor den Augen der Menschen vom Himmel fallen! Es verführt die Menschen mit Hilfe der Wunder, die es im Auftrag des Tieres tun darf, und überredet sie, ein Götterbild anzufertigen, das das Tier darstellt, das den Schwerthieb empfangen hatte und doch am Leben blieb. Es hat die Fähigkeit, dem Bild des Tieres Leben einzuhauchen, so dass es anfängt zu reden, und sorgt dafür, dass alle, die das heilige Tierbild nicht anbeten, umgebracht

Die Botschaft der drei Engel.
Zu Offenbarung 14,6-13.

werden. Es zwingt jedermann, Klein und Groß, Reich und Arm, Hoch und Niedrig, auf der rechten Hand oder auf der Stirn das Zeichen des Tieres zu tragen, so dass niemand mehr kaufen oder verkaufen kann, wenn er nicht das Abzeichen mit dem Namen des Tieres trägt oder mit der Zahl, die seinem Namen entspricht. Hier ist verborgene Bedeutung. Wer Einsicht hat, kann die Zahl des Tieres enträtseln, denn es ist die Zahl eines Menschen. Sie lautet: sechshundertsechsundsechzig.

13,11-18

Da sah ich auf und schaute: Der Christus, das Lamm, stand auf dem höchsten Gipfel der himmlischen Welt, dem Berg Zion. Bei ihm standen hundertvierundvierzigtausend, die den Namen des Christus und den Namen »Gott, der Vater« auf der Stirn trugen. Und ich hörte eine Stimme vom Himmel: Es war wie das Tosen und Brausen vieler Wasserstürze und wie das Hallen vieler Donner! Nein, es war das Rauschen, das aufbraust, wenn Harfenspieler in ihre Harfen greifen! Nein, noch anders: Es war ein Gesang! Sie sangen ein fremdes, neues Lied vor dem Thron, vor den vier mächtigen Wesen und vor den Ältesten, und niemand konnte den Gesang verstehen außer den hundertvierundvierzigtausend, denn sie sind befreit von der Erde! Sie haben sich mit den Gütern und Verlockungen der Welt nicht belastet und ihre Seele nicht verdorben. Rein sind sie, wie Jungfrauen sind. Sie folgen dem Lamm, wohin immer es geht. Sie sind aus der Menschheit freigekauft. Gott machte sie rein, nun sind sie ein erstes Opfer für Gott. Bekenner sind sie, in ihrem Munde war kein Verrat und keine Verleugnung. Ohne Fehler sind sie.

14,1-5

Einen Engel schaute ich: Er flog mitten im Himmel, in seiner höchsten Höhe, und hatte die gute Botschaft auszurufen, dass Gottes Herrschaft ewig sei. Allen rief er sie zu, die auf der Erde leben in Völkern, Stämmen, Sprachen und Nationen, und rief mit mächtiger Stimme: »Fürchtet Gott und preiset ihn, denn die Stunde ist gekommen, da er Gericht hält! Betet ihn an, der den Himmel, das Wasser und die Erde, das Meer und die Quellen schuf!«

Ihm folgte ein zweiter Engel, der rief: »Gefallen ist sie! Zusammengebrochen die große Weltmacht, das große Babylon, die alle Völker berauscht hat, von Sinnen gebracht mit dem Wein ihres Götzendienstes.«

Noch ein dritter Engel folgte dem zweiten, der rief: »Die das Untier verehrten, die vor seinem Bild knieten, die das Zeichen der Bestie auf Stirn oder Hand trugen, die werden nun von dem Wein Gottes trinken, vom schweren Wein seines Zorns! Im Becher seines Unwillens wird er ihnen gereicht! Qual werden sie leiden in Feuer und Schwefeldampf, im Angesicht der heiligen Engel und des Lammes! Der Qualm ihrer Qual wird aufsteigen von Ewigkeiten zu Ewigkeiten, und sie werden Tag und Nacht ohne Ruhe sein, sie alle, die vor der Bestie und ihrem Bilde sich beugten und die das Zeichen trugen, das ihre Gefügigkeit anzeigt.«

14,6-11

Hier bewährt sich die Geduld der Heiligen, die Gottes Gebote einhalten und den Glauben an Jesus Christus bewahren. Und ich hörte eine Stimme aus dem Himmel: »Schreibe! Selig sind die Toten, die von nun an als Zeugen des Herrn sterben! Es ist wahr, spricht der Geist, sie werden ruhen von ihrer Mühsal. Was sie getan haben, folgt ihnen nach.«

Und wieder schaute ich: Eine weiße, schimmernde Wolke! Auf der Wolke saß einer in der Gestalt eines Menschen. Auf seinem Haupt trug er eine Krone von Gold und in der Hand eine scharfe Sichel. Und ein Engel trat aus dem Heiligtum und rief mit gewaltigem Ruf dem zu, der auf der Wolke thronte: »Schwinge die Sichel und fang an zu ernten, denn die Stunde ist da: die Stunde der Ernte. Dürr ist und reif, was auf der Erde heranwuchs!« Und der auf der Wolke thronte, schleuderte seine Sichel zur Erde, und die Ernte auf der Erde begann.

14,12-16

Ein zweiter Engel trat aus dem himmlischen Heiligtum, und auch er trug eine scharfe Sichel. Wieder ein anderer Engel, dessen Amt es ist, das Feuer zu bewachen, kam vom Altar herüber und rief mit starker Stimme dem zu, der die scharfe Sichel trug: »Schlag zu mit deiner scharfen Sichel und schneide die Trauben vom Weinstock der Erde, denn seine Beeren sind reif!« Und der Engel schleuderte seine Sichel zur Erde und hieb die Trauben vom Weinstock der Erde und warf die Trauben in die große Kel-

Die Ernte und die Weinlese.
Zu Offenbarung 14,14-20.

ter des Zornes Gottes. Man trat die Kelter draußen vor der heiligen Stadt, wo die Gottlosigkeit umgeht, und das Blut quoll aus der Kelter über das Land hin, zweihundert Meilen weit, bis herauf an die Zäume der Pferde.
14,17-20

Sieben Schalen, gefüllt mit Unheil

Ein anderes großes und wunderbares Zeichen sah ich am Himmel: Sieben Engel trugen das letzte, siebenfache Unheil, in dem der Zorn Gottes über die Welt sich auswirkt. Etwas wie ein Meer sah ich, klar wie Glas und schimmernd wie Feuer, und jene, die Sieger geblieben waren über den Drachen, über sein Bild und über das Geheimnis seiner Macht, standen an dem gläsernen Meer und hielten Harfen in den Händen. Sie sangen das Lied Moses, des Knechtes Gottes, und das Lied des Christus, der gelitten hat und lebt:

»Groß und wundersam sind deine Werke,
Herr Gott, Herrscher der Welt!
Gerecht und klar sind die Wege,
die du gehst, König der Völker!
Wer sollte dich, Herr, nicht fürchten?
Wer sollte dich nicht preisen?
Du allein bist heilig!
Alle Völker werden kommen
und niederfallen vor dir.
Denn nun ist aller Welt sichtbar,
dass es gerecht ist, was du tust.«

Danach sah ich und schaute: Da tat sich das himmlische Heiligtum auf, in welchem Gott wohnt und woher sein Wort und Wille ergeht. Aus dem Heiligtum traten die sieben Engel, die das siebenfache Unheil ankündigen; in reine, strahlende Leinwand waren sie gekleidet, und goldene Gürtel trugen sie um die Brust. Und eines der vier gewaltigen Wesen reichte jedem der sieben Engel eine goldene Schale, die gefüllt war mit dem Zorn Gottes, der über die Ewigkeiten der Ewigkeiten hin herrscht. Gottes herrliche, heilige Macht aber glühte im Heiligtum auf, Rauch erfüllte es und niemand konnte es betreten, bis das siebenfache Unheil, das die Engel verkündigten, vollendet war.
15,1-8

Eine mächtige Stimme hörte ich aus dem Tempel, die rief den sieben Engeln zu: »Geht! Gießt die sieben Schalen des Zornes Gottes über der Erde aus!« Da trat der Erste hin und goss seine Schale über die Erde, und böse und schmerzhafte Geschwüre brachen an den Menschen, die das Malzeichen der Bestie trugen und ihr Bild anbeteten, hervor. Der Zweite schüttete seine Schale über dem Meer aus. Da wurde das Meer schwarz wie das Blut eines Toten, und alles Leben im Meer ging zugrunde. Der Dritte goss seine Schale über die Flüsse und Quellen, und sie wurden zu Blut. Da hörte ich den Engel, dem die Wasser anvertraut sind, rufen: »Gerecht bist du, der du herrschest in deiner heiligen Macht, dass du so geurteilt hast! Denn das Blut der Heiligen und Propheten haben sie vergossen, und Blut gabst du ihnen zu trinken: sie sind es wert!« Und ich hörte eine Stimme vom Altar her: »Ja, Herr Gott, du Herrscher des Alls, wahr und gerecht ist dein Urteil!« Der Vierte schüttete seine Schale in die Sonne, und die Sonne verbrannte die Menschen mit feuriger Glut. Die Menschen traf das entsetzliche Feuer, und sie lästerten Gott, von dem all das Unheil kam, aber sie besannen sich nicht und unterwarfen sich seiner Herrlichkeit nicht. Der fünfte Engel goss seine Schale über dem Thron der Bestie aus, und das Reich des Untiers verfinsterte sich. Sie zerbissen sich ihre Zungen vor Qual und schrien ihren Hass hinauf zu dem Gott des Himmels, von dem die Qual kam und der die Geschwüre gesandt hatte, und weigerten sich, von ihrem bösen Treiben zu lassen.
16,1-11

Der sechste Engel goss seine Schale über den Eufrat, den großen Strom. Da trockneten seine Wasser aus, und der Weg wurde frei für die Könige, die vom Osten her einbrechen. Und noch mehr sah ich: Aus dem Maul des Drachen, aus dem Maul des Untiers und aus dem Maul seines Helfers, des zweiten Tiers, fuhren drei Geister der Lüge in der Gestalt von Fröschen heraus. Es sind teuflische Irrmächte, die Wunder vollbringen und zu den Königen der ganzen Welt ausziehen, um sie zu bereden und zum Krieg zu sammeln, zur Schlacht auf den großen Tag, den Gott, der Herrscher der Welt, bestimmt hat. »Gib Acht!«, spricht Christus. »Plötzlich und unversehens wie ein Dieb will ich kommen. Selig, wer wach ist und seine Klei-

Die Schalen des Zorns.
Zu Offenbarung 15,5-7.

Die Hure Babylon.
Zu Offenbarung 17,3-6.

der zur Hand hat, so dass er bereit ist und nicht nackt und in Schande hertreten muss!« Und man sammelte die Heere der Finsternis an dem Ort »Harmagedon«.

Zuletzt schüttete der siebte Engel seine Schale in die Luft hinaus, und vom Heiligtum her erklang eine mächtige Stimme – von Gottes Thron kam sie: »Das Ende ist da!« Blitze brachen los und ein Rollen und Donnern. Ein entsetzliches Erdbeben, so furchtbar wie keines, das geschah, seit es Menschen auf der Erde gibt, erschütterte die Welt. Die große Stadt zerbarst in drei Teile, und die Städte, in denen die Völker sich vermauern, stürzten zusammen. Und Gott nahm sich die große Stadt Babylon vor und ließ ihr den Wein seines Zorns reichen. Die Inseln versanken, und die Berge waren verschwunden. Ein Hagel, wie Steinbrocken schwer, fiel vom Himmel auf die Menschen, und sie schrien ihren Hass gegen Gott empor, mitten aus der furchtbaren Qual, die der ungeheure Hagel ihnen zufügte.

16,12-21

Die Bilder vom Untergang der großen Stadt

Und es kam einer von den sieben Engeln, die die sieben Schalen hatten, und redete mit mir: »Komm, ich will dir zeigen, was Gott über die große Hure verhängt hat, die an den vielen Wassern so sicher thront. Mit ihr haben die Könige der Erde sich eingelassen im Taumel der Hurerei, und die Bewohner der Erde haben sich am Wein ihrer Unzucht berauscht.« Da führte er mich im Geist in die Wüste, und ich sah eine Frau auf einem scharlachfarbenen Tier reiten, das bemalt war mit Titeln und Würden, die allein Gott zustehen und die es in seiner Frechheit an sich gerissen hatte. Sieben Köpfe hatte es und zehn Hörner. Und die Frau war in Purpur und Scharlach gekleidet, sie war wie vergoldet von dem vielen Gold, das an ihr hing, und glänzte von Edelsteinen und Perlen. In der Hand schwang sie einen goldenen Pokal, der von Gemeinheit und dem Schmutz ihres Dirnentums überfloss. Auf ihrer Stirn stand ihr Name, der ihr Geheimnis deutet: »Babylon! Die Große! Die Mutter der Huren und aller Scheußlichkeiten auf der Erde!« Und ich sah: Die Frau war berauscht. Betrunken war sie vom Blut der Heiligen und vom Blut derer, die als Zeugen für Jesus gestorben waren.
17,1-6

Starr vor Staunen stand ich da, während ich sie schaute, aber der Engel fuhr fort: »Steh nicht da und gaffe! Ich will dir das Geheimnis der Frau und des Tieres mit den sieben Köpfen und den zehn Hörnern, auf dem sie reitet, erklären: Das Tier, das du sahst, war und ist nicht; es wird aus der Hölle aufsteigen und wieder in die Hölle hinabstürzen. Die Menschen auf der Erde, deren Namen nicht seit Anfang der Welt im Buche des Lebens stehen, werden von Bewunderung erfüllt sein, wenn sie sehen, dass das Tier war, dass es nicht ist und dass es wieder sein wird. Hier bewährt sich der Verstand, in dem Weisheit ist. Die sieben Köpfe sind die sieben Berge, auf denen die Frau thront. Es sind zugleich sieben Könige. Fünf sind untergegangen, einer herrscht zur Stunde, der letzte ist noch nicht da; wenn er aber kommt, muss er eine kleine Weile die Macht haben. Das Tier, das war und nicht ist, steht an achter Stelle und ist doch einer von den sieben Königen! Es wird in der Hölle enden! Die zehn Hörner, die du sahst, sind zehn Könige. Die haben noch kein Königtum erlangt, aber im Bunde mit dem Tier erlangen sie doch für eine Stunde die Macht, als wären sie Könige. Sie tun sich zusammen und verfolgen ein gemeinsames Ziel, ihre Macht und Gewalt aber übergeben sie gemeinsam dem Tier. Sie werden gegen das Lamm Krieg führen, und das Lamm wird sie überwinden, denn es ist der Herr der Herren und der König der Könige. Und mit ihm werden die siegen, die er berufen und auserwählt hat und die ihm vertrauen.«
17,7-14

Und er fuhr fort: »Die Wasser, die du sahst, an denen die Hure so sicher wohnt, sind Völker und Menschenmassen, Nationen und Sprachen. Die zehn Hörner, die Könige, die du sahst, und das Tier werden die Hure hassen, sie werden sie verstoßen und ihr die Kleider vom Leibe reißen, werden ihr Fleisch fressen und die Reste im Feuer verbrennen, denn es ist Gott, dessen Willen sie ausführen. Gott gab es ihnen ins Herz, dass sie sich zusammentaten und ihre Herrschaft dem Tier übergaben, und in dem allem erfüllt sich sein Plan. Das Weib aber, das du sahst, ist die große Weltstadt, die die Macht hat über alle Herrscher der Erde.«
17,15-18

Einen anderen Engel sah ich danach aus dem Himmel herabsteigen. Er hatte eine besondere Vollmacht, und der Weltkreis erstrahlte in seinem Glanz. Mit starker Stimme rief er: »Gefallen! Gefallen ist das große Babylon! Behausung von Dämonen ist sie geworden, Wohnstatt niedriger Höllengeister, Nistplatz aller schmutzigen Aasfresser unter den Vögeln und ein Stall für jedes unreine und verhasste Tier. Denn von dem furchtbaren Giftwein ihrer Sinnenlust haben alle Völker getrunken, und die Könige haben sie geliebt im Rausch des Vergnügens, und die Händler der Erde sind reich geworden an ihrer prallen, üppigen Kraft!« Eine andere Stimme hörte ich vom Himmel her: »Zieh aus, mein Volk! Trenne dich von ihr, dass dich die Strafe nicht mittrifft, die sie für ihre Sünden empfängt! Denn ihre Verbrechen türmen sich bis zum Himmel, und Gott hat all ihre Schandtaten vor Augen. Zahlt ihr alles heim, was sie euch angetan hat, zahlt ihr das Doppelte heim von

Das brennende Babylon.
Zu Offenbarung 18,8.

ihren Taten! Den Becher, den sie euch gereicht hat, füllt ihr doppelt. Was sie an Wollust und Lebensfülle genoss, soll sie empfangen an Schmerzen und Leid. Denn sie prahlt in ihrem Herzen: ›Wie eine Königin lebe ich, Männer in Menge lieben mich – ich bin doch keine Witwe! –, und Schmerzen kenne ich nicht!‹ An einem einzigen Tag wird alles Unheil über sie kommen: Tod, Leid und Hunger! Im Feuer wird sie zu Asche werden, denn es ist der mächtige Gott, der mit ihr abrechnet. Weinen und wehklagen werden über sie die Könige der Erde, die sie vergötterten und mit ihr schwelgten, wenn sie den Rauch aufsteigen sehen über dem Feuer, das sie verbrennt! Von ferne werden sie zusehen im Grauen vor ihrer Strafe und schreien: ›Wehe! Wehe! Du große Stadt! Babylon, du mächtige Stadt! In einer Stunde bist du vernichtet!‹
18,1-10

Die Händler der Erde werden über sie weinen und jammern, denn niemand wird künftig ihre Ware kaufen: die Massen von Gold und Silber und edlem Gestein, von Perlen, Leinen und Purpur, Seide und Scharlach, all das wohlriechende Thujaholz, die Geräte aus Elfenbein, die Gefäße aus kostbaren Hölzern, die Lasten von Erz und Eisen und Marmor, von Zimt, Haarsalbe und Räucherwerk, Myrrhe und Weihrauch, die Fülle von Wein und Öl, Mehl und Getreide, die Rinder und Schafe, die Pferde und Wagen und die Menschenleiber und Menschenseelen! ›Ach, die herrlichen Früchte, nach denen dein Herz verlangte, sind dir genommen, all dein Schimmer und Schein sind von dir gewichen, du suchst sie vergeblich!‹ So werden die Händler stehen und klagen. Sie sind reich geworden durch die große Stadt, nun stehen sie da und schauen von ferne zu im Grauen über ihre Qual und rufen: ›Wehe! Wehe! Du große Stadt! Mit kostbarem Leinen, mit Purpur und Scharlach warst du bekleidet, übergoldet warst du mit Gold, mit Edelsteinen geschmückt und mit Perlen – in einer Stunde ist dein Reichtum dahin!‹
18,11-17

Und die Schiffsherrn und die Seeleute, die Steuerleute und alle, die auf Schiffen arbeiten, werden von ferne stehen und beim Anblick des Rauchs über der brennenden Stadt aufschreien: ›Wer ist der großen Stadt gleich?‹ Sie werden Staub auf ihre Köpfe streuen und werden weinen und klagen und rufen: ›Wehe! Wehe! Du große Stadt! Durch dich wurden wir reich, alle, die auf dem Meer fahren, durch deinen Reichtum! In einer Stunde bist du verwüstet!‹ Aber freue dich über sie, du Himmel! Freut euch, alle Heiligen, ihr Apostel und ihr Propheten! Denn Gott hat Gerechtigkeit geschaffen und das Unrecht vergolten, das an euch begangen wurde!«
18,17-20

Und ein starker Engel nahm einen Felsblock – der sah aus wie ein riesiger Mühlstein – und schleuderte ihn ins Meer mit dem Ruf: »So, mit einem einzigen Wurf, wird Babylon gestürzt, die große Stadt, und versinkt! Den Klang der Harfenspieler und Sänger, der Flötenbläser und Trompeter wird man in dir nicht mehr hören, kein Künstler wird in dir leben, der irgendeine Kunst kann, und der Laut der Mühle wird schweigen. Das Licht der Lampe wird für immer verlöschen, die Stimmen des Bräutigams und der Braut werden für immer verstummen. Denn deine Händler waren die Machthaber der Erde, durch deinen Zaubertrunk kamen alle Völker von Sinnen. Das Blut der Propheten und der Heiligen und aller Blut, die auf der Erde hingeschlachtet wurden, floß in deinen Mauern.«
18, 21-24

Danach hörte ich es brausen wie den gewaltigen Gesang einer Menge von Stimmen im Himmel: »Preiset den Herrn! Heil und Preis und Macht unserem Gott! Denn was er verhängt, ist wahr und gerecht. Er hat die große Hure gerichtet, die mit Willkür und gottloser Selbstherrlichkeit die Erde verheerte, und hat das Blut seiner Knechte, das sie vergoss, an ihr gesühnt.« Und wieder sangen sie: »Preis dem Herrn! Aufsteigt der Rauch ihres Untergangs, und über die Ewigkeiten der Ewigkeiten hin währt ihre Verdammnis!« Und die vierundzwanzig Ältesten und die vier gewaltigen Wesen am Thron warfen sich nieder und beteten Gott an, der auf dem Thron herrscht, und sangen: »Ja! Preiset ewig den Herrn!« Wieder ertönte am Thron eine Stimme: »Rühmt unseren Gott, alle seine Knechte, die ihn verehren, Kleine und Große!« Da hörte ich es brausen wie den Gesang einer ungeheuren Menge, wie das Rau-

Die Anbetung Gottes.
Zu Offenbarung 19,4-10.

Der Reiter auf dem weißen Pferd.
Zu Offenbarung 19,11-16.

schen vieler Wasserstürze und das Hallen gewaltiger Donner: »Preiset den Herrn! Denn nun ist alle Macht in der Hand des Herrn, unseres Gottes, des Herrschers über das All der Welt! Lasst uns fröhlich sein und jauchzen und ihn rühmen, denn das große Fest des Lammes ist gekommen. Christus wird Hochzeit feiern, seine Braut hat sich bereitet, in strahlendes, reines Leinen darf sie sich kleiden!« Die weiße Leinwand ist die Gerechtigkeit der Heiligen. Und der Engel sprach zu mir: »Schreibe! Selig sind, die zum Hochzeitsmahl des Lammes geladen sind!« Und er fuhr fort: »Gott selbst ist es, der so spricht!« Da warf ich mich zu seinen Füßen zur Erde, um ihn anzubeten. Er aber erwiderte: »Halt! Tu es nicht! Ich bin ein Knecht wie du und deine Brüder, die das Wort bewahren, das Christus ihnen anvertraut hat.« In den Worten nämlich, die die Heiligen durch Gottes Geist aussprechen, spricht Jesus selbst zu seiner Kirche.
19,1-10

Die Bilder von der Vollendung

Da sah ich in den offenen Himmel und schaute ein weißes Pferd. Auf ihm ritt einer, der trug die Namen »Treue« und »Wahrheit«, für die Gerechtigkeit tritt er ein, in Gerechtigkeit kämpft er. Seine Augen flammten wie Feuer, auf seinem Haupt schimmerten viele Kronen. Seinen Namen trug er an sich geschrieben, aber ich konnte ihn nicht lesen, er kennt ihn allein. Er trug ein Kleid, das die blutigen Spuren des Kampfes trug, er, das Wort Gottes! Und die Heere des Himmels folgten ihm nach, Reiter auf weißen Pferden, in reine, weiße Leinwand gekleidet. Sein Mund ist seine Waffe: ein scharfes Schwert! Mit ihm wird er die Gottesverächter treffen, mit einem eisernen Speer wird er sie dahintreiben! Er wird den Willen Gottes ausführen und sein Urteil vollstrecken, das Gericht des Herrschers der Welt. Auf seinem Mantel und an seiner Hüfte steht sein Name: »König der Könige. Herr der Herren!«
19,11-16

Und ich sah einen Engel in der Sonne stehen, der den Vögeln in der Höhe des Himmels zurief: »Auf! Sammelt euch zum großen Fraß, den Gott euch bereitet! Fresst Königsfleisch und Feldherrnfleisch, Fleisch von Mächtigen, Fleisch von Pferden und Reitern, von Hohen und Niedrigen, Kleinen und Großen!« Da sah ich die Bestie und die Könige der Erde mit ihren Heeren versammelt zum Krieg gegen Christus und sein Heer. Aber die Bestie wurde ergriffen und mit ihr der Lügenredner. Der hatte in ihrem Auftrag Wunder vollbracht und hatte alle die Menschen in die Irre geführt, die das Abzeichen der Bestie trugen und ihr Bild verehrten. Beide wurden sie, das Untier und sein Helfer, lebendig in den Feuersee geschleudert, in den brennenden Schwefel. Die übrigen starben unter dem Schwert des Reiters, seinem Wort, und die Vögel wurden satt an ihrem Fleisch.
19,17-21

Einen Engel sah ich vom Himmel herabsteigen, der hatte in der Hand den Schlüssel zum Höllenabgrund und eine schwere Kette. Er fasste den Drachen, die alte Schlange, den Teufel und Satan, und fesselte ihn für tausend Jahre, warf ihn in den Abgrund der Hölle hinab, verschloss den Zugang und versiegelte ihn und nahm dem Drachen für tausend Jahre die Macht über die Völker. Danach sollte er noch für eine kurze Zeit frei sein.

Danach sah ich Throne stehen, und Richter setzten sich darauf. Die hatten Vollmacht, Gericht zu halten. Und es kamen die Seelen derer, die enthauptet worden waren, weil sie sich zu Jesus bekannt und das Wort Gottes verkündigt hatten, die das Tier und sein Bild nicht angebetet und sein Abzeichen an Stirn oder Hand nicht getragen hatten. Tausend Jahre lang lebten und herrschten sie mit Christus. Die übrigen Toten kamen während jener tausend Jahre nicht zum Leben. Es war die »erste Auferstehung«. Selig und heilig sind, die an der ersten Auferstehung teilhaben! Über sie hat der zweite Tod keine Macht. Sie sind Priester Gottes und des Christus, und sie werden mit Christus herrschen, tausend Jahre lang.
20,1-6

Wenn die tausend Jahre vergangen sind, wird der Satan wieder aus seinem Kerker freigelassen und zieht aus, die Völker an den vier Enden der Erde gegen Gott aufzuwiegeln. Gog und Magog wird er aufbieten, die werden die Völker zur Schlacht zusammentreiben: unüberseh-

bare Massen, unzählbar wie der Sand am Meer. Sie wälzen sich auf der weiten Oberfläche der Erde daher und umzingeln das Heerlager der Heiligen und die geliebte Stadt. Aber Feuer glüht vom Himmel herab und verzehrt sie. Der Teufel aber, der sie verführte, wird in den brennenden, schwefligen See geschleudert, in den schon die Bestie und ihr Helfer stürzten, und sie werden die Qual ihres Gotteshasses und der Ferne von Gott erleiden, Tag und Nacht über die Ewigkeit der Ewigkeiten hin.
20,7-10

Danach sah ich und schaute: Da ragte ein großer, weißschimmernder Thron, und Gott selbst war der Herrscher, der auf ihm saß. Vor seiner Gegenwart flohen die Erde und der Himmel, verschwunden waren sie, als wären sie nie gewesen. Und ich sah die Toten, Groß und Klein: Die standen vor dem Thron, und Bücher wurden aufgeschlagen. Dazu wurde ein besonderes Buch geöffnet: das Buch des Lebens. Und die Toten wurden nach dem, was sie getan hatten und was in den Büchern stand, gerichtet. Das Meer gab seine Toten heraus. Der Tod und das Totenreich gaben ihre Toten heraus, und jeder empfing das Urteil, das seinen Taten entsprach. Der Vernichter selbst aber, der Tod und sein Heer, stürzten mit ihm in den brennenden See, in die Vernichtung. Das ist der zweite Tod. Und wessen Name im Buch des Lebens nicht zu finden war, der stürzte in den brennenden See.
20,11-15

Das Reich des Friedens

Und wieder schaute ich:
Da sah ich einen neuen Himmel
und eine neue Erde.
Der erste Himmel und die erste Erde,
sie waren vergangen,
und das Meer ist nicht mehr.
Und ich sah die heilige Stadt,
das neue Jerusalem,
wie sie herabkam vom Himmel her,
von Gott in unsere Welt.
Schön war sie,
schön und geschmückt wie eine Braut,
die ihrem Mann entgegengeht.
Ich hörte eine große Stimme sagen
von Gottes Thron her:
»Sieh her! Hier wohnt Gott bei den Menschen.
Er wird bei ihnen bleiben,
sie werden sein Volk sein
und er selbst, Gott, wird ihnen nahe sein.
Er wird abwischen alle Tränen
aus ihren Augen.
Der Tod wird nicht mehr sein,
kein Leid, keine Klage, kein Schmerz,
denn was war, ist vergangen.«

Und der auf dem Thron saß, sprach:
»Sieh! Ich mache alles neu!«
Und weiter sprach er:
»Schreibe, denn all dies ist wahr.
Dies alles kommt gewiss.
Es ist alles erfüllt.
Ich bin das A und das O,
der Anfang und das Ende.
Ich gebe den Durstigen zu trinken,
Wasser aus der Quelle des Lebens
reiche ich ihnen als ewiges Geschenk.
Die durchhalten bis zum Sieg,
werden dies alles gewinnen.
Ich werde ihr Gott,
und sie werden meine Töchter
und Söhne sein.

Aber den Feiglingen, den Untreuen und den Verdorbenen, den Mördern, den Zuchtlosen, den Zauberern, den Götzendienern und Lügnern ist der brennende, schweflige See bestimmt: der zweite Tod.«
21,1-8

Da trat einer der sieben Engel, welche die sieben Schalen des letzten Unheils getragen hatten, zu mir und sprach: »Komm, ich will dir die Braut zeigen, die Frau des Lammes!« Und er führte mich im Geist auf einen breiten und hohen Berg und zeigte mir die heilige Stadt Jerusalem, die vom Himmel, von Gott her, sich herabsenkte. Sie spiegelte die Lichtfülle Gottes, ihr Glanz glich dem eines Edelsteins, eines schimmernden Jaspis. Eine breite und hohe Mauer umschloss sie, zwölf Tore hatte sie, und auf den zwölf Toren standen zwölf Engel. Zwölf Namen waren an die Tore geschrieben: die Namen der zwölf Stämme Israels. Nach Osten gingen drei Tore, nach Norden drei, nach Süden drei, nach Westen drei. Die Mauer ruhte auf zwölf Grundpfeilern, die zwölf Namen trugen: die Namen der zwölf Apostel des Christus. Und

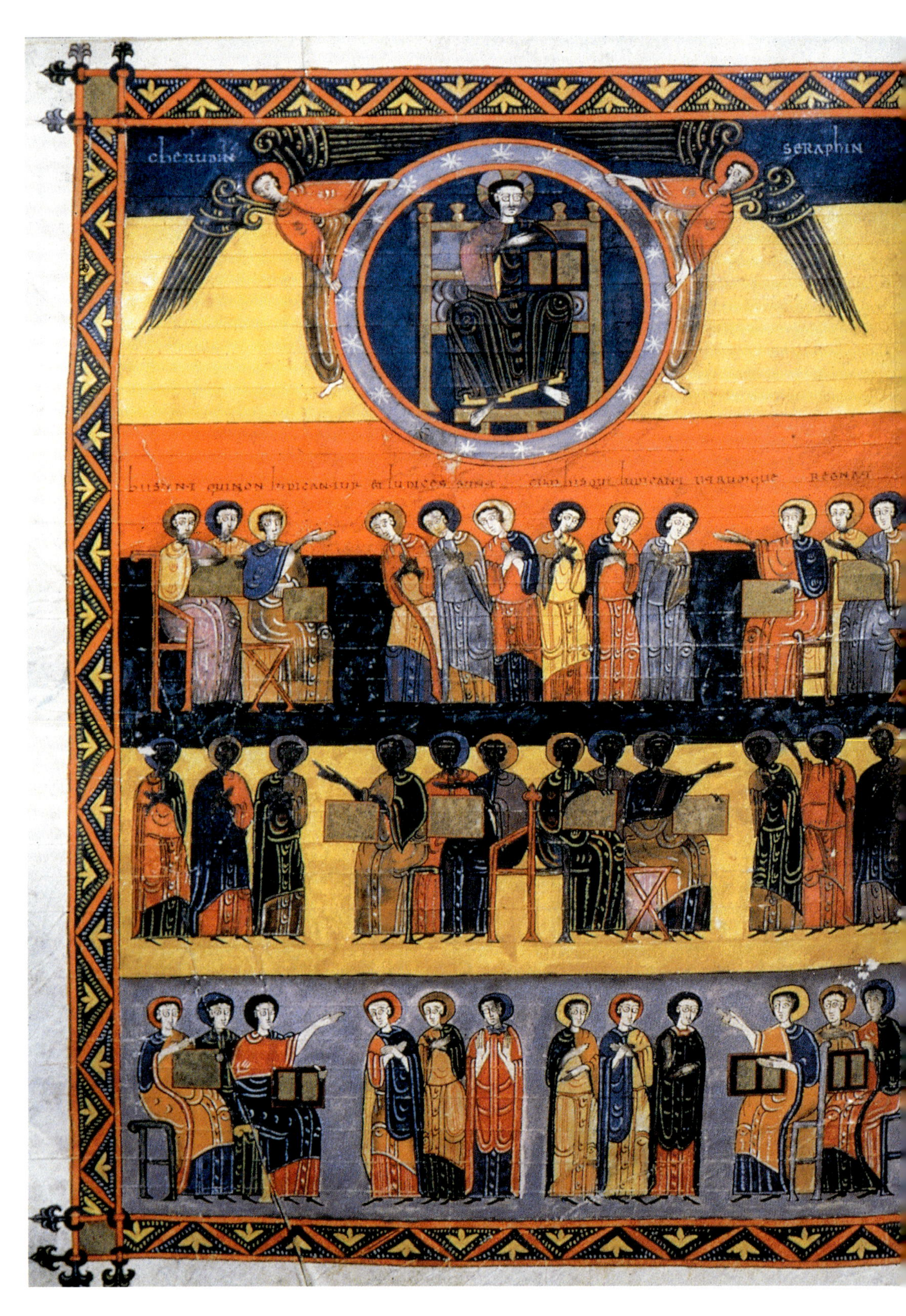

Das Weltgericht.
Zu Offenbarung 20,11-15.

Gog und Magog.
Zu Offenbarung 20,7-9.

Die himmlische Stadt.
Zu Offenbarung 21.

der Engel, der mit mir sprach, hatte einen goldenen Messstock und maß die Stadt, die Tore und die Mauer. Viereckig lag die Stadt vor mir, ihre Länge war wie ihre Breite. Und der Engel maß sie mit dem Messstock: Es waren zweitausendvierhundert Kilometer. Ihre Länge und Breite sind gleich, und dasselbe Maß hat ihre Höhe. Und er maß ihre Mauer: Nach dem menschlichen Maß, das der Engel gebrauchte, waren es hundertzwanzig Meter an Höhe. Das Mauerwerk ist aus Jaspis gefügt, und die Stadt selbst ist aus reinem Gold, durchsichtig wie Glas. Die Grundpfeiler der Mauer sind geschmückt mit dem Glanz aller edlen Steine: der erste ist ein Jaspis mit lichtem Glanz, der zweite ein Saphir, der dritte ein dunkler Chalcedon, der vierte ein Smaragd, der fünfte ein Sardonyx, der sechste ein Karneol, der siebte ein Chrysolith, der achte ein grüner Beryll, der neunte ein goldener Topas, der zehnte ein Chrysopras, der elfte ein Hyazinth, der zwölfte ein Amethyst. Die zwölf Tore waren zwölf Perlen, und jedes Tor besteht aus einer einzigen Perle; die große Straße war reines Gold, durchsichtig wie Kristall.
21,9-21

Aber eines sah ich nicht: einen Tempel!
Denn Gott, der Herr, der Allmächtige,
ist ihr Tempel.
Der Christus selbst ist es.
Die Stadt bedarf keiner Sonne
und keines Mondes,
dass sie ihr leuchten,
denn der Lichtglanz Gottes umstrahlt sie,
und der Christus selbst ist ihr Licht.
Die Völker leben in ihrem Licht,
und die Könige der Erde
tragen ihren Glanz herzu.
Ihre Tore
werden nicht mehr geschlossen,
denn es gibt keine Nacht.
Ruhm und Herrlichkeit der Völker
trägt man hinein.
Nichts Unreines aber hat Zugang,
niemand, der Böses tut oder der Lüge dient,
niemand, der nicht
im Buch des Christus verzeichnet steht,
im Buch des Lebens.
21,22-27

Und er zeigte mir
den klaren, kristallhellen Strom,
das Wasser des Lebens,
das am Thron Gottes,
am Thron des Christus, entspringt.
Auf der großen Straße,
zu beiden Seiten des Stroms,
wächst der Baum des Lebens,
der zwölfmal Früchte trägt.
Alle Monate bringt er seine Frucht hervor,
und seine Blätter dienen mit ihrer Heilkraft
der Genesung der Völker.
Nichts ist da, das Gott feindlich wäre.
Der Thron Gottes und des Christus
steht in der Stadt,
und die Knechte Gottes und des Christus
feiern das Fest ihres Gottesdienstes.
Sie sehen Gottes Angesicht,
und sein Name »Jesus«
steht an ihren Stirnen.
Es ist keine Nacht mehr,
und sie brauchen weder das Licht der Lampe
noch das Licht der Sonne,
denn Gott, der Herr, ist ihr Licht,
und sie haben an seiner Herrschaft teil
von Ewigkeit zu Ewigkeit.
22,1-5

Und er sprach weiter zu mir: »Was ich sage, ist zuverlässig und wahr. Gott, der Herr, der seinen Geist den Propheten gab, hat seinen Engel gesandt, um seinen Knechten kundzutun, was in Kürze geschehen soll. Gib Acht! Ich komme bald! Selig ist, wer die Worte der Weissagung glaubt und bewahrt, wie sie in diesem Buch stehen.«
22,6-7

Der Strom des Lebens.
Zu Offenbarung 22,1-5.

Ausklang

Ich, Johannes, habe dies alles gehört und geschaut. Zuletzt warf ich mich nieder, den Engel anzubeten, der mir das alles gezeigt hatte. Er aber rief mir zu: »Halt! Tu das nicht! Ich bin ein Knecht wie du und deine Brüder, wie die Propheten und alle, die die Worte bewahren, die in diesem Buch stehen. Gott selbst bete an!« Und er sprach zu mir: »Halte die Worte der Weissagung nicht geheim, die in deinem Buch stehen, denn es ist wenig Zeit. Wer Unrecht tut, tue weiterhin Unrecht. Der Unreine sei weiterhin unrein. Der Gerechte wirke weiterhin, was gerecht ist. Der Heilige bleibe weiterhin heilig. Gib Acht! Ich komme bald! Ich habe den Lohn in der Hand und gebe jedem, was er verdient hat. Ich bin das A und das O, der Erste und der Letzte, der Anfang und die Vollendung. Selig sind, die ihre Kleider reinhalten, damit sie würdig werden, vom Baum des Lebens zu essen und die Tore der Stadt zu durchschreiten, denn den Gottesfeinden, den Magiern, den Zuchtlosen, den Mördern und Götzendienern und jedem, der die Lüge liebt, werden sie verschlossen sein.
22,8-15

Ich, Jesus selbst,
habe meinen Engel gesandt,
um euch all dies
in den Gemeinden zu verkündigen.
Ich bin der Ursprung des heiligen Volkes
und sein Ziel,
der strahlende Morgenstern.«

In göttlichem Geist
ruft die begnadete Kirche,
sehnsüchtig wie eine Braut: »Komm!«
Und wer es hört, rufe wie sie: »Komm!«
Und wen dürstet, der komme,
wen nach Wasser des Lebens verlangt,
der trinke umsonst.

Ich, Johannes, warne aber alle, die die Worte der Weissagung hören, die in diesem Buch stehen: Wer eigene Gedanken hinzufügt, dem wird Gott das Unheil zufügen, von dem in diesem Buch steht. Wer von den Worten der Weissagung in diesem Buch wegnimmt, dem wird Gott die Frucht vom Baum des Lebens und das Wohnrecht in der heiligen Stadt nehmen, alle Herrlichkeit, die in diesem Buch beschrieben ist.

Jesus Christus,
dessen Worte ich aufschrieb, spricht:
»Ja, ich komme bald!«
Ja, das sei wahr! Komm, Herr Jesus!
Die Gnade des Herrn Jesus sei mit allen!
22,16-21

Bildnachweis

S. 1 Fakundus, Der Zeuge Johannes (Ausschnitt), Archiv Zink
S. 5 Johanneskloster auf Patmos, Foto Zink
S. 7 Patmos, Foto Zink
S. 9 Erscheinung im Himmel, Fakundus, Achiv Zink
S. 10 Die Beauftragung des Johannes, Fakundus, Archiv Zink
S. 13 Die Vision vom Thronsaal, Fakundus, Archiv Zink
S. 15 Die vier Gestalten und das Lamm, Fakundus, Archiv Zink
S. 17 Die vier apokalyptischen Reiter, Fakundus, Archiv Zink
S. 18 Der Schrei der Märyter, Fakundus, Archiv Zink
S. 20 Die Öffnung des sechsten Siegels: Der Tag des Zorns, Fakundus, Archiv Zink
S. 21 Die Versiegelung der 144 000, Fakundus, Archiv Zink
S. 23 Das siebte Siegel: Die sieben Posaunen, Fakundus, Achiv Zink
S. 24 Die zweite Posaune: Der stürzenden Berg, Fakundus, Archiv Zink
S. 26 Die fünfte Posaune: Der Brunnen des Abgrunds, Fakundus, Archiv Zink
S. 27 Die beiden Zeugen, Fakundus, Archiv Zink
S. 28 Die Auferstehung der beiden Zeugen, Fakundus, Archiv Zink
S. 29 Der Drache und das Tier aus dem Meer, Fakundus, Archiv Zink
S. 30 f. Die Frau und der Drache, Fakundus, Archiv Zink
S. 33 Die Botschaft der drei Engel, Fakundus, Archiv Zink
S. 35 Die Ernte und die Weinlese, Fakundus, Archiv Zink
S. 37 Die Schalen des Zorns, Fakundus, Archiv Zink
S. 38 Die Hure Babylon, Fakundus, Archiv Zink
S. 40 Das brennende Babylon, Fakundus, Archiv Zink
S. 42 Die Anbetung Gottes, Fakundus, Archiv Zink
S. 43 Der Reiter auf dem weißen Pferd, Fakundus, Archiv Zink
S. 46 f. Das Weltgericht, Fakundus, Archiv Zink
S. 48 Gog und Magog, Fakundus, Archiv Zink
S. 49 Die himmlische Stadt, Fakundus, Archiv Zink
S. 51 Der Strom des Lebens, Fakundus, Archiv Zink

Die Deutsche Bibliothek – CIP-Einheitsaufnahme

Ein Titeldatensatz für diese Publikation ist bei
Der Deutschen Bibliothek erhältlich.

1 2 3 4 5 05 04 03 02 01

Ein Unternehmen der Dornier Medienholding GmbH
Postfach 80 06 69, 70506 Stuttgart, Tel. 0711-78 80 30
Sie erreichen uns rund um die Uhr unter www.kreuzverlag.de
Umschlaggestaltung: Atelier Reichert, Stuttgart
Umschlagbild: Johanneskloster auf Patmos. Foto Zink
Satz: Rund ums Buch – Rudi Kern, Kirchheim/Teck
Druck und Verarbeitung: Merkur Druck Mayer GmbH, Ostfildern
Die Schreibweise entspricht den Regeln der neuen Rechtschreibung.
ISBN 3 7831 1997 9